CW01661748

LA BAIE DE SOMME

EN LETTRES & EN IMAGES

© CHRISTINE BONNETON ÉDITEUR
2 RUE DU COLOMBIER - ZA LES VIGNETTES - 63400 CHAMALIÈRES
WWW.EDITIONS-BONNETON.COM
EAN : 978-2-86253-743-6

DAVID DELANNOY

LA BAIE DE SOMME

EN LETTRES & EN IMAGES

Christine Bonneton

ANATOLE FRANCE

Été 1886, Anatole France, écrivain et chroniqueur pour le journal parisien *Le Temps*, séjourne en famille à Saint-Valery. Une plaque au 110, rue de la Ferté, face au chenal et à la baie, en rappelle l'évènement.

Il y découvre la cité médiévale et la côte tristounette. Mais cette « eau » sans « sourires », ce « vent » sans « caresses », pour reprendre ses mots, sauront pourtant le séduire.

Il observe également les pêcheurs du Courtgain, dont il évoque l'âpreté et la précarité de l'existence.

Les articles, du futur prix Nobel de littérature, figureront ensuite dans les *Promenades de Pierre Nozière en France* (troisième partie du livre *Pierre Nozière* paru en 1899).

BLETTE

Une première définition de blette nous est donnée par l'abbé Corblet dans son glossaire picard de 1851 : « canards de terre servant d'appeaux ».

Les blettes sont des sculptures (en plastique, métal ou bois) qui représentent des canards ou d'autres espèces d'oiseaux. On les retrouve sur les mares, aménagées devant les huttes des chasseurs de la baie. Ce ne sont pas des éléments décoratifs mais bien des leurres utilisés par les huttiers (sauvaginiers) pour attirer les oiseaux migrateurs.

Pour rendre ces ruses plus efficaces, ils les associent à des appelants ; véritables canards ou canes vivants, « traîtres nécessaires et bien dressés » pour reprendre l'expression d'Henri Heinemann écrivain et ancien maire de Cayeux-sur-Mer.

Cette technique de chasse ancestrale et nocturne perdure encore en baie, tout comme la sculpture de blettes en bois, considérée comme un véritable moyen d'expression artistique.

LE CROTOY

CHAPELLE DES MARINS

La chapelle des Marins fut érigée sur une éminence du cap Hornu, occupée par l'ermite Gualaric, disciple de saint Colomban puis évangélisateur des lieux au VIIe siècle.

Après sa mort (622), une abbaye fut édifiée en 628 par l'abbé Blimont (futur saint Blimont), l'un de ses fidèles compagnons.

Les prodiges attribués à saint Valery (écrit successivement Gualaric, Walrick, Walry puis Valery) attirèrent de nombreux pèlerins et permirent l'expansion de la cité valéricaine. Le célèbre moine devint aussi le protecteur des bateliers et pêcheurs de la Somme.

Après maintes péripéties, la petite église, aux influences normandes, fut reconstruite et inaugurée en 1880. Remarquable par sa situation dominante et son damier de pierres et de silex équarris, ce lieu aux quatre vents, chargé d'Histoire, suscite toujours l'admiration et parfois encore la dévotion.

DIGUE-PROMENADE DE SAINT-VALERY

La longue digue (quai Jeanne-d'Arc), face au Crotoy, la rivale balnéaire, s'étire le long du chenal jusqu'à l'ancienne plage, appelée jadis « Les Bains de la Ville », dont les cabines estivales, près de la vieille tour Harold, en rappellent l'existence. Sa construction est relativement récente ; il faut imaginer l'endroit différemment, avec les vagues à marée haute venant remplir les fossés et lécher le pied de la tour Gonzague, aux portes de la cité médiévale.

Aujourd'hui, l'allée ombragée, agrémentée par les villas cossues de la Belle Époque, est prisée des touristes, pour son ambiance marine et ses beaux points de vue.

ÉCHAPPÉE BELLE EN BAIE

La traversée de la baie est une activité touristique de plus en plus pratiquée en baie de Somme. Elle consiste en règle générale à rallier l'une des deux cités balnéaires : Le Crotoy et Saint-Valery, depuis le feu de Saint-Valery ou la digue du bassin de chasse du Crotoy.

Cette randonnée technique à travers les chenaux et prés-salés (mollières en picard) est pimentée par les glissades et enlisements en tout genre. Elle est proposée par de nombreux organismes ou associations de la côte.

L'expérience des guides nature permet à la fois d'appréhender l'esprit des lieux (traditions locales, chasse à la hutte, Histoire...) et de prendre la mesure des richesses faunistiques et floristiques de la baie. Le retour au point de départ peut se faire par le petit train de la baie de Somme en période estivale.

D'autres sorties plus thématiques sont également proposées : vespérales, gourmandes, photographiques ou pour découvrir la colonie des phoques.

FLORE ET FAUNE

Selon les sources de la Réserve naturelle nationale de la baie de Somme, l'estuaire de la Somme compte près de 310 espèces végétales recensées, dont une vingtaine remarquables. Concernant la faune, 365 espèces d'oiseaux ont été repérées sur le territoire, depuis un siècle.

La raison de cette abondance tient à la variété des paysages ; falaises, estrans rocheux, larges cordons de galets, massifs dunaires, zones sablo-vaseuses, vasières, pré-salés et marais.

À noter en particulier l'importance des espaces soumis à l'influence des marées et riches en nourriture, favorisant la halte des oiseaux migrateurs. Ces derniers viennent y reconstituer leurs réserves énergétiques, hiverner ou se reproduire dans le parc du Marquenterre, haut lieu de l'ornithologie.

Sans oublier enfin, au large du Hourdel, l'imposante colonie de veaux marins et de phoques gris, 2 espèces protégées parmi les 20 recensées en France.

GRAND SITE DE FRANCE

Longtemps dédaigneuse des lois du tourisme et de la mode du béton, la côte picarde, voit affluer, depuis quelques années, de nombreux touristes, à la recherche d'une nature sauvage et authentique.

Cet engouement est renforcé par les superlatifs associés aux lieux et par l'importante couverture médiatique. Celle que l'on classe désormais dans le club fermé des plus belles baies du monde a reçu de surcroît, en 2011, le label « Grand Site de France ». Une distinction – attribuée pour 6 ans – exigeante, lourde de sens pour les instances locales et pouvoirs publics, concernant la préservation du patrimoine historique, culturel et des espaces naturels sensibles.

HUGO

En 1937, Victor Hugo visite le pays et explore la côte picarde.

Depuis quelques années déjà, il parcourt la région, accompagné de sa maîtresse Juliette Drouet.

Une découverte des lieux qu'il consigne au fil des pas, dans ses lettres adressées chaque jour à son épouse Adèle Hugo.

Les récits de ses voyages en France figurent dans l'ouvrage *Lettres et Dessins de Picardie.*

À Ault sur la côte picarde et tout proche au bois de Cise (deux valleuses plus loin) on honore son équipée pédestre.

Insolite

Les phoques au Hourdel constituent un spectacle insolite en baie de Somme.

Cette colonie de mammifères marins attire aujourd'hui de nombreux touristes, venus ici pour observer l'une des plus importantes zones de sédentarisation et de reproduction.

Deux espèces y cohabitent en toute quiétude : les phoques veaux-marins – majoritaires, sédentaires et trapus – et quelques phoques gris, plus corpulents.

Longtemps chassés au XIXe siècle, ce qui causa leur disparition, ils ont réapparu dans les années 1970, au point d'atteindre un nombre conséquent au dernier recensement, un accroissement favorisé par les mesures de prévention et de sauvegarde.

Si le site est un succès pour la biodiversité et le tourisme, l'augmentation de la colonie constituerait, de l'avis des pêcheurs locaux, une menace pour les ressources halieutiques et pour la pérennité de leur profession, mise en difficulté de surcroît, par l'ensablement inexorable de la baie.

Jeanne d'Arc

Une plaque à Saint-Valery et un monument au Crotoy évoquent le séjour de Jeanne d'Arc sur la côte picarde.

La jeune femme, après son épopée soldatesque, est capturée par les Bourguignons puis livrée aux ennemis anglais en 1430. Après avoir été traînée de prison en prison, elle est incarcérée dans la forteresse du Crotoy en 1430.

Sous bonne escorte, elle traverse finalement la baie, fait une escale à Saint-Valery – elle emprunte notamment la porte Guillaume comme en atteste la plaque scellée sur l'édifice – avant d'être acheminée, on l'imagine poings liés, vers son funeste destin à Rouen. Elle y mourra sur le bûcher le 31 mai 1431 après son procès en hérésie, instruit par Pierre Cauchon, évêque de Beauvais.

Tél.: 03 22 60 08 44
www.kayak-somme.com

KAYAK DE MER

Quelques clubs ou associations, basés à Saint-Valery, proposent des expéditions en baie en kayak de mer ainsi que des balades guidées en pirogue hawaïenne. Une manière originale de découvrir sous un autre angle la vieille cité au riche passé, de longer les prés-salés et contourner les bancs de sable sur lesquels parfois, se reposent quelques phoques indolents.

Le hourdel

Situé à l'entrée sud de l'estuaire, à l'embouchure du fleuve Somme, le hameau du Hourdel a des allures de bout du monde. Il abrite le dernier port de pêche de la côte, qui se prolonge par le « poulier », un cordon de galets s'étirant au nord vers les rives du Crotoy.

Les touristes et camping-caristes, en nombre croissant, viennent y admirer les petits bateaux colorés, amarrés à l'estacade – les « sautereliers », adaptés pour la pêche aux « sauterelles » (les crevettes grises de la baie) – mais également pour y observer la colonie des phoques, installés sur les bancs de sable, au milieu du chenal.

Médiévale

La cité médiévale de Saint-Valery est considérée comme le fleuron de la côte picarde. Ses ruelles pavées, aux allures moyenâgeuses, ses remparts, ses vieilles portes, son église à damiers et les maisons à colombages ou encorbellement (dont certaines datent du xve siècle) séduisent les touristes, de plus en plus nombreux chaque année. Cet attrait est renforcé par la dimension historique attachée à ces lieux et, depuis quelque temps, par la forte médiatisation du site.

NOSTALGIE

La nostalgie, se vend bien dans les librairies et maisons de la presse de la côte.

Aux rayons consacrés au régionalisme, on y trouve des ouvrages agrémentés de photos anciennes, faisant référence au bon vieux temps. Des notables et enfants de bonne famille, costumés pour le dimanche ou le bain, figés devant l'objectif pour éviter les bougés, figurent en bonne place parmi les premiers clichés photographiques de la fin du XIXe siècle.

Mais on y découvre aussi une autre typologie de personnages, besogneux et rudes, plus exotiques, moins balnéaires. Des sujets « couleur locale », comme les vieux matelots au teint buriné, les pêcheurs à barbe, également les « verrotières », spécialistes de la récolte des vers de vase. Ces dernières furent longtemps les silhouettes emblématiques du Crotoy ; celles que l'on montrait dans les publicités pour vendre les voyages en terre inconnue. Ce métier est malheureusement en voie de disparition.

BL341133
ANTOINE DE PADOUE

Ornithologie

La baie de Somme avec ses grands espaces variés, ses zones humides et prés-salés, est située au carrefour de grands flux migratoires. De nombreuses espèces ont déjà été repérées sur cet estuaire, ce qui le classe parmi les sites majeurs en Europe, en matière d'ornithologie.

Pour s'initier à l'étude des oiseaux et à leur environnement, la côte picarde dispose de 2 sites précieux : la Maison de la baie et de l'oiseau, un musée dédié à la compréhension de la baie de Somme, de sa flore et sa faune et le parc ornithologique du Marquenterre, créé en 1973, propriété aujourd'hui du Conservatoire du littoral. Ce lieu, idéal pour l'observation sur le terrain et la sensibilisation aux enjeux environnementaux, est comme un sanctuaire dans la Réserve naturelle de la baie pour des centaines d'échassiers et de palmipèdes en escale.

Peintre

La baie a toujours été populaire et inspirante auprès des artistes, attirés par la délicatesse des lumières changeantes et le mystère des sables.

Il n'est qu'à voir la quantité de tableaux de maîtres exposés dans les musées des grandes métropoles pour se convaincre du charme des lieux.

La liste des peintres illustres est longue : Braquaval, Boudin, Degas, Seurat, Bonington, Gamain, Corot, Toulouse-Lautrec..., et plus proche de nous, l'artiste picard Alfred Manessier, ont longuement parcouru la côte pour y immortaliser les ciels ou cueillir les scènes marines.

QUARTIER DES PÊCHEURS

Le Courtgain à Saint-Valery, l'ancien quartier des « gagne-petit », des pêcheurs, a conservé tout son charme et pittoresque.

Les petites maisons basses des anciens marins, étagées le long des ruelles pentues, agrémentées de géraniums, sont occupées aujourd'hui par des résidents saisonniers et quelques locaux. L'endroit est coquet et l'esprit des lieux, respecté.

Tout proche, dominant la baie sur les hauteurs du quartier, se dresse toujours le calvaire des marins, à côté de l'oratoire, qui rappelle à l'envi le souvenir des prières et l'existence précaire du petit peuple de la mer.

ROUTE BLANCHE

La Route Blanche, au sud de l'estuaire de la Somme est une petite route étroite, encadrée de barrières en bois et de dunes hérissées d'oyats. Elle s'étire toute droite depuis la Mollière d'Aval jusqu'au Hourdel. Fragilisée par les tempêtes, elle est désormais interdite à la circulation routière et empruntée aujourd'hui par les marcheurs et les cyclistes.

Au nord, on retrouve le blockhaus, vestige de l'ancien mur de l'Atlantique en 1940 mais aussi véritable borne du temps pour les études sur le trait de côte. Ce lieu est en outre, sur le plan touristique, le point de ralliement de tous les guetteurs de phoques.

BL 462618
SOMME II

Somme II

Construit il y a 65 ans à Arcachon, le baliseur *Somme II*, a été classé monument historique en 2000. L'Association qui porte son nom, entretient la mémoire de cet ancien bateau en bois, fleuron du patrimoine maritime picard.

Le *Tonnier de la Baie*, ainsi nommé car il déplaçait les bouées (balises) appelées tonnes, mis à la retraite en 1999, a été restauré par le Conseil général de la Somme pour être reconverti dans des activités à vocation pédagogique, patrimoniale et touristique en baie de Somme.

TRAIN DE LA BAIE DE SOMME

Le joyeux tortillard, que les gens du pays jadis appelaient malicieusement « le train des cocus », a survécu aux époques. Il fonctionne toujours sur le circuit secondaire à voie métrique du chemin de fer de la baie de Somme.

Réhabilité dans les années 1960, par des passionnés du rail et redevenu une silhouette familière, il fait aujourd'hui le bonheur des petits et des grands qui, assis dans les compartiments en bois, voient défiler les paysages multiples de la baie.

Ainsi, ragaillardi par tant de popularité, il a retrouvé sa vocation de train de plaisir.

101
FBS
101

ULTIMES REMPARTS

Les falaises picardes qui succèdent aux falaises crayeuses de la côte normande s'étendent sur 6 km entre Mers-les-Bains et Ault-Onival. De nombreuses parois sont affectées par des glissements périodiques. Des pans entiers de craie tombent régulièrement à la mer, modifiant le paysage.

Le recul progressif du trait de côte préoccupe les pouvoirs publics et les instances locales, les obligeant inlassablement à entreprendre des chantiers coûteux de consolidation et à envisager, hélas pour la population, des mesures de repli.

Ce phénomène d'érosion impacte en outre le sentier littoral, qui a fait récemment l'objet d'une interdiction préfectorale au panorama du bois de Cise.

VIMEREU

Le docteur Paul Boulongne (1881-1962), alias Paul Vimereu dans le monde littéraire, né à Misery dans la Somme, passe son enfance à Lanchères, où son père est magister (instituteur), un village proche du Hâble d'Ault et de Cayeux-sur-Mer.

La vie rustique dans les bas-champs et les marais, auprès de ses camarades de classe, l'imprègne à jamais.

Médecin dans la vie professionnelle, Paul Vimereu est également un écrivain reconnu. Après *Chutt le Hutteux*, un roman picard publié en 1927, il manque de peu d'obtenir le prix Goncourt pour son roman, *Le Rire du Vilain* paru en 1920.

À l'instar de Marcel Pagnol en Provence ou de Maurice Genevoix en Sologne, le poète de la baie et des « bas champs », aux multiples facettes, auteur de livres régionalistes mais aussi de nouvelles et de récits inspirés par la Grande Guerre, a été en outre honoré par l'Académie de médecine, pour divers travaux d'ordre médical.

WEEK-END

Au sud de la baie, le bois de Cise et ses villas Belle Époque, étagées au-dessus de la chaussée, réveillent l'idée d'un week-end à la mer, d'une villégiature ; privilège aristocratique des tout premiers baigneurs.

Ancienne valleuse, le « Cise » fut d'abord un lieu sauvage, une valleuse (vallée sèche) perchée au-dessus de la mer et sans accès au rivage.

Le bois naturel de hêtres et de chênes qui le recouvre est tout ce qu'il reste de l'ancienne forêt primitive gauloise. Tour à tour, lieu de chasse puis de refuge à la Révolution, le site a été acheté par un médecin du Tréport en 1883. Il sera repris et transformé par Jean-Baptiste Theulot, un promoteur parisien qui rachète les 50 ha du bois pour son projet de station balnéaire en 1898.

MORTS SOUS X

La nécropole de Nolette, proche de Noyelles-sur-Mer, abrite 849 tombes chinoises. Un contingent de travailleurs et de paysans souvent illettrés (appelés *coolies* par les anglais) venus de Chine avaient été engagés par l'armée britannique pour servir de main-d'œuvre, lors de la première guerre mondiale.

Ce lieu funéraire fut édifié sur l'emplacement même du cimetière de l'hôpital, par la Commonwealth War Graves Commission, (autorité indépendante, responsable et gestionnaire des sépultures de guerre après la Grande Guerre).

Malgré sa ressemblance avec les nécropoles militaires britanniques elle s'en démarque par quelques touches chinoises ; comme le porche au profil oriental, les idéogrammes gravés sur les stèles blanches et l'ajout de pins et de cèdres.

La plupart des hommes enterrés ici, dont une partie dans l'anonymat, sont morts du choléra, de la tuberculose ou de la grippe espagnole ; une pandémie qui tua de nombreux civils et militaires au cours de la sombre période.

勇往直前

Ys de nos rivages picards : Ault

L'histoire de l'ancienne ville basse d'Ault et de son port, engloutis par les flots, n'appartient pas aux légendes des cités perdues. Il existait en effet au XVIe siècle un quartier de pêcheurs, appelé le « Perroir d'Ault » et situé sur l'estran, à quelques centaines de mètres environ du rivage actuel, face au bourg d'Onival.

Ce lieu d'ailleurs aurait acquis, à cette époque, une relative notoriété à la cour du roi pour la fraîcheur de ses poissons.

Ault, l'« Ys »des rivages picards, fut également évoquée par Victor Hugo dans l'une de ses lettres adressée à son épouse Adèle, en 1837. Lors de ses explorations de la côte, il fut autant impressionné par la sauvagerie du site que par le mystère émanant du bourg, rongé « perpétuellement » par « la colonne de flots » et submergé par la mer à la fin du XVIe siècle.

Une sombre histoire qui fascine encore de nos jours, au point d'inspirer la romancière Sylvette Mathieu, auteure du roman historique *1583, Ault, la ville engloutie* (Engelaere Éditions).

Zéro carbone

Une baie durable... Les acteurs locaux et les professionnels du tourisme, encouragés par les pouvoirs publics et les décideurs locaux, mutualisent leurs efforts dans une association appelée Baie de Somme zéro carbone.

Ils orientent leurs activités dans une optique de développement durable, pour limiter leur impact sur le site. Ainsi les restaurateurs privilégient les circuits courts, les producteurs locaux, les menus du terroir. Les produits de l'estuaire, comme la salicorne, l'oreille de cochon (*Aster maritime*) et l'agneau des près-salés, devenus les denrées phares, contribuent à la promotion du site.

D'autres acteurs touristiques, avec la population locale, ont emboité le pas ; ils ont non seulement pris conscience des potentialités de la baie mais aussi de l'importance de la mise en œuvre d'un tourisme alternatif pour en préserver tout le capital naturel.

L'AUTEUR

Retraité de l'Éducation nationale, David Delannoy a exercé notamment au collège de Saint-Valery-sur-Somme pendant sept ans en qualité de Principal.

Passionné de voyages et de photographie, il est aujourd'hui guide de randonnée dans le département de la Somme, dans un cadre associatif. Il anime également quelques sorties thématiques en baie de Somme et séjours en France.

Il est par ailleurs auteur d'ouvrages sur la Picardie et de 2 guides de randonnée (Chamina Édition).

ACHEVÉ D'IMPRIMER : MARS 2018
DÉPÔT LÉGAL : MARS 2018
IMPRIMÉ PAR BOOK PARTNERS CHINA